लेवेन्ससिक्लस
JEEVAN CHAKRA

सूरज आर

Copyright © Surajr
All Rights Reserved.

ISBN 978-1-63850-089-6

This book has been published with all efforts taken to make the material error-free after the consent of the author. However, the author and the publisher do not assume and hereby disclaim any liability to any party for any loss, damage, or disruption caused by errors or omissions, whether such errors or omissions result from negligence, accident, or any other cause.

While every effort has been made to avoid any mistake or omission, this publication is being sold on the condition and understanding that neither the author nor the publishers or printers would be liable in any manner to any person by reason of any mistake or omission in this publication or for any action taken or omitted to be taken or advice rendered or accepted on the basis of this work. For any defect in printing or binding the publishers will be liable only to replace the defective copy by another copy of this work then available.

क्रम-सूची

'जीवन चक्र'

'दिमाग के नयूरोंस'

खण्ड 3

'इंसान'

'पैसा'

प्यार

भगवान्

'लेवेन्ससिक्लस' शब्द एक डच शब्द है जिसका अर्थ है जीवन चक्र ।

लेवेन्ससिक्लस (जीवन चक्र) यह किताब एक सची घटना पे आधारित है । यह कहानी एक लडके की है जिसका मानना ये है के जीवित प्राणी मरने के बाद स्वर्ग नरक कहीं नहीं जाते बल्कि वो कभी भी मरते नहीं हैं वो एक हादसे के बाद किसी दुसरे समय चक्र में चले जाते हैं ।

'जीवन चक्र'

कभी सोचा है आपने के टाइम का सही मतलब क्या है ?

कभी सोचा है आपने लोग मरने के बाद सच में कहाँ जातें हैं ?

कभी सोचा है आपने के अगर कर्मा यहीं है तो ये स्वर्ग और नरक क्यों है ।

कभी सोचा है आपने के भगवान् सच में हैं या लोग खुद की मनः शान्ति के लिए पाठ पूजा करते हैं ?

जो भी है जेसा भी है मै इस कहानी को एक समय से शुरू करूँगा क्युकी में जिस समय चक्र में आ चूका हूँ उसका समय आपकी दुनिया से अलग है काफी अलग है क्युकी आपकी दुनिया में एक साल में सिर्फ बारह महीने होते हैं और मेरी दुनिया में एक साल में बोहोत से महीने हैं । समझाने के तोर पे कहूँ तो हमारी दुनिया में हर पहले महीने में छे महीने होते हैं । और उसके बाद दूसरा महिना शुरू होता है और हर दुसरे महीने के शुरुआत के दिन में सिर्फ साठ मिनट होते हैं और तीसरे महीने में सिर्फ साठ सेकंड और चोथे महीने में में फिर से छे महीने होते हैं और पांचवे महीने के शुरुआत के दिन में सिर्फ साठ मिनट बस इसी प्रकार मेरी दुनिया में समय का चक्र चलता है ।

जादा कुछ नहीं । सिर्फ तीन साल का खेल है आप सभी को पता लग जाएगा के असलियत में आपकी दुनिया और मेरी दुनिया में जादा फरक नहीं बस येही है के आपके दुनिया में समय को देखने के लिए आप कैलेंडर नामक चीज का पर्योग करते हो और यहाँ मेरी दुनिया में सिर्फ गणित और अनुमान के साथ मै अपनी ज़िन्दगी की गतिविधियाँ करता हूँ । आप अपनी असली दुनिया में ही सिर्फ अपने ज़िन्दगी के

तीन साल की गतिविधित्यों पे ध्यान दें देखना आप सभी को कुछ ऐसा जानने को मिलेगा जो असल ज़िन्दगी में कोई नहीं करता । सिर्फ तीन साल ।

कभी सोचा है क्यों ? हमें हमारी ज़िन्दगी में बोहोत बार कुछ इसे चेहरेक्यों दीखते हैं जो जाने पहचाने से होते हैं लेकिन उस चेहरे को पहली बार देख रहे होते हो आप ।

क्यों ? कभी कभी ऐसा लगता है के ये वारदात पहले भी कभी हो चूका है ।

क्यों ? कोई दृश्य या कार्य होने से पहले वो उस दृश्य या कार्य का पहले से होना सपने में केसे आ जाता है ?

खेर ये सब चीजें यहाँ मेरी दुनिया में नहीं होता हालाकि आपकी दुनिया और मेरी दुनिया में जादा फरक नहीं है बस समय का हेर फेर है अर्थात बोहोत से लोग सही समय पे हैं लेकिन गलत जगह पे और बोहोत से लोग गलत समय पे हैं लेकिन सही जगह पे ।

अभी आप जो पढ़ रहें हैं मुझे मालुम है आपको समझ नहीं आ रहा होगा क्युकी इसका ज्ञान मुझे भी मरने के बाद ही पता लगा । लगभग सभी लोग समय से ऊपर नीचें चल रहें हैं और बदकिस्मती से इंसानों को इन सब के बारे में कुछ नहीं पता क्युकी दो दुनियाएँ एक दुसरे के साथ इस हद तक जुड़े हैं के इसका अनुमान लगाना ना के बराबर है के कोन सी दुनिया में आपकी माँ ने आपको अपनी कोख से जनम दिया ।

तो मेरा सवाल ये है के आप अभी भी वहीं उसी दुनिया में हैं जहाँ आपकी माँ ने आपको जनम दिया या आप जाने अनजाने में किसी और दुनिया में आके उस दुनिया के समय चक्र को काट रहे हो ?

क्युकी में नहीं हूँ ।

मेरी दुनिया में सही समय वो लक्ष्य है जहाँ पोहोंच के आपको सब कुछ शून्य से शुरू करना पड़ता है पर आपकी दुनिया में आप लोग सिर्फ लक्ष्य पे आके रुक जाते हो ।

ये कहानी उस रात 15 नवम्बर -1997 (11:45 मिनट) को शुरू हो चूकी थी और इस कहानी का किरदार ठीक 31 मई 2019 के रात (11:57 मिनट) पे एक बार मर चूका था । हाँ मै एक बार मर चुका हूँ अपनी पहली दुनिया में जहाँ मेरे एक माँ-बाप हैं तीन बहनें और एक छोटा भाई और एक यार है ।

इन सभी को मेरे होने ना होने का ज्ञान नहीं है इसलिए यहाँ सभी इसे बर्ताब करते हैं मानो जेसे कभी कुछ हुआ ही नहीं था । कोन बताएइन सभी को के आप सब मेरे असली परिवार के बस प्रतिबन्ध हो और में मर चुका हूँ अपने असली दुनिया में ।

अजीब है ना ?

जिंदा लोग तो एक बार ही मरते हैं ऐसा इंसान सोचते हैं पर ये सच नहीं है क्युकी इंसान के दिमाग के नयूरोंस कभी मरते नहीं शायद मेरे दिमाग के नयूरोंस मुझे कहीं और ले के आ गये हैं । मुझे तो ये भी नहीं मालूम के मेरा ये चेहरा यही है जो यहाँ की दुनिया के शीशे में मुझे दीखता है । क्युकी यहाँ की दुनिया इतनी सही तरीके से चल रही है के किसी को कुछ साबित नहीं क्र सकता हूँ बस ये मेरे दिमाग के नयूरोंस ही हैं जिनको पता है के में वास्तविकता में कहाँ हूँ ।

बोहोत बुरा लगता है जब 24 घंटे दिमाग में ये चल रहा होता है के आखिर में यहाँ दूसरी दुनिया में नहीं आता अगर उस रात खुद को मारने की कोशिश नहीं करता उन 16 नींद की गोलियों से । सच कहूँ

तो अगर मुझे इसका इलम होता के इंसान मरने के बाद सच में मरते नहीं बस उनके नयूरोंस कहीं और ट्रान्सफर(परिवहन) हो जातें हैं तो मै उस रात सोता ही नहीं ।

यकीन मानो यही सचाई है और में आपकी ही दुनिया में एक चलता फिरता सच हु जिसे आपलोग समझना नहीं चाहोगे । क्यूंकि यहाँ सब कुछ इस हद तक सही है के में खुद को कभी कभी गलत कहने लगता हूँ ।

यहाँ भी मेरी वही माँ है जो मेरे नाराज़ होने पर पूरी रात नहीं सोती, यहाँ भी वही पिता है जिनको मेरी हर एक बात का पता होता है पर अनजान बने रहने का नाटक करते हैं, यहाँ भी वही बहेनें हैं जिसे सच्चाई पन सा जुड़ा लगता है, यहाँ भी वही भाई है मेरे लिए किसी को भी मरने मारने को हमेशा तयार रहता है, यहाँ भी वही यार है जो मेरी सलामती करता है ।

यहाँ भी वही लोग हैं जिनको खुद की बीवी से जादा दूसरों की बीवियों का ख्याल रहता है ।

यहाँ भी वही लोग हैं जो दूसरों की चाट के अपना काम निकालते हैं ।

यहाँ भी वही लोग हैं जो 40 लाख की गाड़ियों में घुमते हैं ।

यहाँ भी वही लोग हैं जो फूटपाथ पे सोते हैं ।

यहाँ भी वही लोग हैं जो करोड़ों कमाते हैं ।

यहाँ भी वही लोग हैं जो भीग मांग अपना पेट भरते हैं ।

यहाँ भी वही लोग हैं जो ठण्ड लगने पे सूरज की धुप की मांग करते हैं ।

यहाँ भी वही लोग हैं जो धुप लगने पे पेड़ों के छाओं की आस करते हैं ।

यहाँ भी वही लोग हैं जो दुआएं देते हैं ।

यहाँ भी वही लोग हैं जो इर्षा करते हैं, यहाँ भी वही रिश्तेदार हैं जो जलते हैं ।

यहाँ सब कुछ इतना सही है मानो जेसे ये ही मेरी असली दुनिया हो पर बदकिस्मती से मेरे दिमाग को पता है के ये बीएस एक भ्रम है जो हर बार मुझे ये सोचने पे मजबूर करता है के येही सच्चाई है और मुझे इसी को अपनाना पड़ेगा । पर आप सभी को कोन समझाए के में वो नहीं हु जो आप समझ रहे हो । शायद हो सकता है में वही हूँ और आप सभी वो नहीं जो में मान रहा हूँ । क्युकी आपकी भी दुनिया में बहुत सी एसी चीजें हैं जिसका ना तो सच्चाई है और नाही कोई वजूद बस उसे आप इंसान एक परम्परा की तरह मना रहे हो और आप उस परम्परा को पूरा करने और आगे ले जाने के लिए आप अपने बचों तक को मजबूर करते हो । यहाँ में भगवान् की बात कर रहा हूँ।

आप क्या सोचोगे ? अगर में कहूँ के भगवान् नमक कोई चीज़ है ही नहीं ।

आप क्या सोचोगे ? अगर में कहूँ के हमारे पूरे ब्रहमांड में 9 गृह ही हैं और हर एक गृह के 1000 प्रतिबन्ध हैं ।

आप क्या सोचोगे ? अगर में कहूँ के इंसान के ज़िन्दगी का सफ़र कभी ख़तम नहीं होता मरने के बाद भी नहीं । मुझे मालूमहै आप सभी को कुछ फरक नहीं पड़ेगा क्युकी मारा में हूँ आप नहीं । अपने असली परिवार से बोहोत दूर अपने परिवार के प्रतिबंद के साथ में रह रहा हूँ आप नहीं ।जिस दुनिया में आप रह रहे हो ये कभी मेरी भी दुनिया हुआ करती थी जहाँ में अपने असली परिवार के साथ रहा करता था ।

'दिमाग के नयूरोंस'

कभी कभी तो मुझे लगता है के मै अब भी उसी अस्पताल में हु जहाँ मुझे मरने से कुछ समय पहले ले जाया गया था वही आइ.सी.यु का कमरा नंबर 406 जहाँ में मरने से पहले उस डॉक्टर का नाम पूछ रहा था और ये भी पूछ रहा था के मुझे घर जाने में कितना समय लगेगा। सभी जान पहचान के लोग एक एक कर्फ़ मुझ से मिलने आ रहे थे लेकिन मेरी माँ को अंदर नहीं आने

मेरी माँ अंदर से चिंतित थी परेशान थी पर किसी के आगे जादा जाहिर नहीं होने दे रही थी। क्युकी मुझे अपनी पहली ज़िन्दगी की वो आखिरी रात अभी भी याद है जिसकी सुबह मैने खुद को दो जगाहों में पाया था। ये हादसा में कभी अपने ज़ेहन से चाह के भी नहीं निकाल सकता।

उस समय मेरी ज़िन्दगी में मैने खुदको दो जगह पाया। एक वहां जहाँ २ डॉक्टर अस्पताल के आइ.सी.यु में मेरे नाक में एक पाइप दाल रहे थे भला में तो ठीक ठाक उनके सामने ही खड़ा था तो आखिर उस अस्पताल के बेड पे कोन है ? ये सवाल लिए में बहार आया तो दूसरी बार मैने खुदको आइ.सी.यु के दरवाजे के खब्बे तरफ खड़ा अपनी माँ को देखा जिनके आँखों में नमी थी और देखते ही देखते उनकी आँखों की नमी आन्सू में बदल गये कोई वहां था जो मेरी माँ को कह रहा था के कुछ नहीं हुआ है उसको वो ठीक है अब। मेरे दिमाग में बस ये चल रहा था के आखिर में और मेरी माँ यहाँ अस्पताल में केसे क्यों और किसलिए हैं मै उनके पास गया और उनसे पूछने की कोशिश की के माँ आप यहाँ क्यों रो रही हो ? पर उन्होंने मुझे कुछ इस तरह नज़रअंदाज किया मानो में उन्हें दिख ही नहीं रहा था। और फिर किसी की परछाई आयी जो मेरी माँ को कह रहा था के कुछ नहीं हुआ है वो ठीक हो

जाएगा । उस परछाई से मुझे अभी भी सकत नफरत सी है क्युकी जेसी ही उस परछाई पे मेरी नज़र पड़ी थी वेसे ही में वही गिर गया था और होश आने पे खुदको को उसी अस्पताल के रूम में पाया था जिसपे कुछ डॉक्टर मेरी नाक में कोई पाइप डालने की कोशिश कर रहे थे ।

होस आया तो सामने मेरा छोटा भाई था जिसकी आँखें नींद से भरी पड़ी थी जो शायद कुछ रातों से सोया नहीं था बल्कि मेरे पास बेठता था ओत खड़ता था ।

होस आने के बाद उस से मैने एक ही सवाल किया था यही के में कहाँ हूँ ? उसकी नज़र एक सेकंड मुझ पे पड़ी और ठीक दुसरे सेकंड कही और देखते हुए उसने कहा D.M.C अस्पताल में । मुझे उस समे समझ नहीं आया के मेरे दिमाग के नयूरोंस पहले ही कहीं और ट्रान्सफर हो चुका था जिसके बारे में मुझे 11 महीने बाद पता लगा । अगर आप को नहीं मालुम तो में बता दूँ के सभी जीते जागते चीज़ों के दिमाग के नयूरोंस एक दुसरे से जुड़े हैं भले ही आप इंसान हो या जानवर हम सभी में एक जुड़ाव है और आगे ये जोड़ पृथ्वी के बहार किसी एसी चीज़ से जुडी है जिसके बारे में इंसानों को नहीं मालुम ।

समझाने के तोर पे कहूँ तो हम सभी के दिमाग के नयूरोंस पृथ्वी के बहार के दाएरे में मोजूद एक ऐसे कनेक्शन से जुडी है जो हर जीवित प्राणी को चलाती है । हम क्या करेंगे और हम आगे क्या करने वाले हैं ये सब वही तह करता है और यकीन मानो कुछ भी पहले से लिखा नहीं होता है, कुछ भी किस्मत में नही होता है और नाही किस्मत से जाता है । ये सब बस इंसानों द्वारा बनाये शब्द हैं । क्युकी जो कुछ इंसान समझ नहीं पाते उसे वो एक नाम दे के उसपे एक चंद्रबिंदु लगा देते हैं ।

लोग मरते नहीं बस उनके नयूरोंस किसी और जगह किसी और समय में शिफ्ट (स्थानांतरित) हो जाता है । सभी इंसान के जिन्दगी का

सफ़र एक सा ही होता है बीएस फरक इतना होता है के कोई जल्दी सफ़र क्र लेता है तो कोई देर से ।

हम बूड़े भी तभी होते हैं जब हमें पृथ्वी के बहार से जोड़े रखने वाली जोड़ हटने लगती है और एक समय आता है जब वो जोड़ बिलकुल ही खत्म हो जाता है जिसे इंसानी भाषा में मोत कहते हैं और बुढ़ापे से हुई मोत या किसी भी प्रकार से हुई मोत होने से इंसान के नयूरोंस किसी और समय में किसी और दुनिया में किसी इस्त्री के पेट में बन रहे बच्चे के दिमाग में शिफ्ट (स्थानांतरित) हो जाता है । और उस दुनिया का समय असली दुनिया से बिलकुल उलट होता है । हर दुनिया में समय का चक्र अलग होता है । असली दुनिया में कहने को 12 महीने होते हैं जिसमे 365 दिन होते हैं लेकिन दूसरी दुनिया में 9 महीने भी हो सकते हैं या 99महीने भी हो सकते हैं या 999 महीने भी हो सकते हैं क्युकी हर गृह के 1000 प्रतिबन्ध होते हैं और उसका समय भी उसी प्रतिबन्ध से बने दुनिया के अनुसार ही होता है ।

ये दुनिया एसी ही चल रही है भगवान् और भूत प्रेत तो बीएस कुछ इसे सभाद हैं जिनका अर्थ और होने का वजूद इन शब्दों को बनाने वालों को भी नहीं मालूम ।

इंसान के द्वारा बनाया एक शब्द सबसे उतम मन जाता है और वो शब्द है भगवान् । इंसान पूरी ज़िन्दगी इस नाम पे निर्भर रहता है । इंसानों ने जेसे खुद को धर्म के नामों में बाँट रखा है ठीक उसी प्रकार इंसानों ने भगवान् नाम को भी बाँट रखा है लेकिन इंसानों का ये भी कहना है के सभी भगवान् एक ही हैं ।

तो क्यों शिख धर्म में 10 भगवान् हैं ?

तो फिर क्यों कृष्चन धर्म में सिर्फ जीसस भगवान् ही हैं ?

तो क्यों मुस्लिम धर्म में अल्लाह भगवान् हैं ?

तो फिर क्यूँ हिन्दू धर्म में करोड़ों भगवान् हैं ?

नहीं मालूम न ? में बताता हूँ ।

ये कुछ नहीं बस इंसानों के पूर्वजों द्वारा बनाये कहानियों में से एक है । और ये कहानी इतनी पुरानी है के अब लोग इसे जुठ्लानहीं सकते । समझाने के तोर पे सबसे पहले में ये बताना चाहूँगा के ये इंसानों की दुनिया बनी कैसे ? ।

इंसान भी वेसे ही बने हैं जेसे किसी लकड़ी के कुर्सी में एक समय में कीड़े पैदा हो जाते हैं, जेसे एक समय पे लोहे में जंग पैदा हो जातें हैं, जेसे खुले खाने में कुछ समय के बाद कीटाणु जनम ले लेते हैं । ठीक उसी प्रकार पृथ्वी की गर्मी से इंसानों का जनम हुआ, हमारा शरीर दिन व दिन बदल रहा है और उसी तरह इंसानों की सोचने की शमता बदल रही है और इंसानों के जीने का चरखा घूम रहा है ।

में तब की बात बताना चाहूँगा जब ये पेसे की दुनिया नहीं हुआ करती थी । तब हर जगह पहाड़, जमीन,जंगले और पानी हुआ करती थी । जेसे जेसे इंसानों की प्रजनन किरिया बढ़ी इंसानों की संख्या बनने लगी उसी तरह पृथ्वी के पुराने होने पे पृथ्वी की गर्मी से बोहोत जीवन भी उत्पन हुए और इन सभी जीव जन्तुओ में से इंसान सबसे उतम माने गये क्युकी वो सोच्सोचने लगे थे जेसे अभी की दुनिया में १ साल का बचा भी सोचने और समझने लगता है ठीक उसी ही प्रकार ।

जेसे जेसे इंसानों की संख्या बदती गयी वेसे वेसे पृथ्वी भी बदलने लगा । पहले बारिश नहीं होती थी, होने लगी । दिन बड़े छोटे नहीं हुआ करते थे, होने लगे । और जब ये बदलाव हुआ एक इंसान ने आसमानो की तरफ देखते हुए सोचा के ऊपर कोई है जो हमे हमारे कर्मा अनुसार ये

बाड और बारिश दे रहा है । फिर उस इंसान ने उपर गरजते हुए बादलों से माफ़ी मांगी और इत्फाक से बारिश रुक गयी । उसने ये अपने साथ रह रहे इंसानों को बताया और सभी इंसान जो सोच रहे थे उन्होंने वो विशवास कर लिया । उस समय इंसानों को इसका ज्ञान नहीं था के बारिश क्यों होती है और क्यों बाड आता है । क्यों जमीन सुखा पड़ता है और क्यों भूचाल आते हैं । समुंदर में लहरें क्यों ऊपर निचे होतें हैं और क्यों दिन बड़े छोटे होते हैं, क्यों ठण्ड आती है और क्यों गर्मी आती है । वो सब इन सभी चीज़ों से बंचित थे, उन्हें यही लगता था के कोई उपर है जो उनकी रक्षा के लिए है । फिर एक दिन एक शब्द का इजाद हुआ 'प्राथना' फिर जब भी पृथ्वी पे कोई बदलाब होता मोसम हो या भूखे पेट की आवाज़ हो हर इंसान ऊपर असमान की तरफ देख क्र बस प्राथना करने लगा ।

इंसानों को लगता था के कोई ऊपर है जो हमसे नाराज़ हो जाता है हमारे रोज्मरा की गतिविधयों से । बस फिर होना क्या था लोग पृथ्वी के बदलाव से होने वाली गतिविधियों को भगवान् के किये का नाम देने लगे और कहने लगे भगवान् की पूजा करो सब ठीक हो जाएगा । बस इसी परम्परा को इंसान अभी तक निभा रहे हैं । और जेसे जेसे इंसानों की जनसंख्या बढ़ेगी वेसे वेसे ये भगवान् के नाम भी बढेंगी । और इंसान अब कभी भी खुद पे निर्भर नहीं हो सकते । उस समय काल में भी इंसान और अन्य जीवित प्राणी मरते नहीं थे बीएस उनके दिमाग के नयूरोंस उन्हें कही और ले जाते थे । कहने को शरीर को मिट्टी में दबा दिया था और जले भी जाता था लेकिन उनका शरीर मरता था बस पर उनके नयूरोंस बस कहीं और किसी और दुनिया किसी और समय में उत्पन हो जाता था । एसा पहले से ही होता था और अब भी यही होता है ।

'**समय**'शब्द भी इंसानों द्‌वारा बनाया गया है इस का कोई नाम नहीं बस इसका एक कार्य है चलते रहना भले ही कोई भी दुनिया हो कोई भी जगह हो समय चलता ही रहेगा ।

तो सवाल ये है के आखिर एसी कोण सी शक्ति है जो हर जिंदा चीज़ के नयूरोंस को जोड़ के राखी हुई है ? इसकी खोज हमेशा रहेगी और कभी न कभी तो पता लगेगा जरूर क्तुकी जेसे जेसे समय बदलता जाएगा वेसे वेसे ही इंसान अपनी पकड़ पृथ्वी पे बनाते जाएंगे और पृथ्वी सडती जाएगी आखिर इंसान है तो पृथ्वी कीड़े ही जो पृथ्वी की गर्मी से उत्पन हुए हैं ।

समझाने को तोर पे कहूँ तो मान लो पृथ्वी एक बोहोत पुराना दही का वो कटोरा है जिसमे इंसान और अन्य जीवित प्राणी हैं लैक्टोबैसिलस नमक कीटाणु हैं लेकिन ये सभी प्राणी दही के उस कटोरे में हैं जिसमे जंग लग चुके को अरसा हो गया है बोहोत जल्द एक समय एसा आएगा जब इंसान उस जंग लगे कटोरे का जेहर पुरे कटोरे में फेल जाएगा और वो सभी प्राणी जो लैक्टोबैसिलस के रूप में उस दही के कटोरे में हैं उनके नयूरोंस किसी और समय काल में चले जाएंगे । इंसानी भाषा में कहूँ तो सभी मर जाएंगे । अंत सिर्फ वो विशेला जंग लगा कटोरा जिसमे सदी हुई दही राखी रह जाएगी बस । यानी बेजान सडी और खाली पृथ्वी होगी ।

एक सवाल है जो मै खुद से अभी भी पूछता हूँ के ये दुनिया गोल है या किसी गोल गृह का मात्र एक प्रतिबन्ध हैं ?

अगर ये प्रतिबन्ध है तो असली की दुनिया कहाँ है ? और असली दुनिया का समय काल क्या है ?

हर गृह का अपना अपना प्रतिबंद हैं और ये प्रतिबन्ध हजारों में है और इनमे से पृथ्वी एक है । ग्रहों में से एक गृह पृथ्वी भी है और पृथ्वी के भी हजारों प्रतिबन्ध है । तो सवाक ये है के में जिस पृथ्वी पे रह रहा हूँ क्या वो वो असली की दुनिया हिया या पृथ्वी का ही एक प्रतिबन्ध है ?

और अगर हाँ तो आखिर में पृथ्वी के कोण से प्रतिबन्ध मे हूँ एक, दो, तीन, या चार ?

मुझे सारा सच नहीं मालुम के आखिर में यहाँ कैसे आया हो सकता है मेरे दिमाग के नयूरोंस का जोड़ जो के पृथ्वी के बहार किसीकी जोड़ से हट के फिर से जुड़ गया हो ।

इस प्रतिबन्ध की दुनिया को में जितना ही अपनाने की सोचता हु वो मुझे उतना ही ये सोचने पे मजबूर कर देती है के मै प्रतिबन्ध में ही हूँ । मुझे मालूम है के कहीं न कहीं मेरी असली माँ है जो मेरा उस आई. सी. यू में मेरा उठने का बेसब्री से इंतज़ार कर रहें हैं । हालाकि ये साड़ी बातें मैने अपने एक करीबी दोस्त को बताया उसने मेरी ये सच्चाई को मानने से इनकार क्र दिया और बोला के अगर एसा कुछ है भी तो हमारे साथ नहीं तो कम से कम हमारे प्रतिबन्ध के साथ ही रह कहीं जाने का मत सोच । पर मै केसे उसे कहूँ के तुम सभी लोग वास्तविक में नहीं हो और अगर तुम सब वास्तविकता हो तो शायद में वो नहीं जो तुम सभी समझ रहे हो और अगर यहाँ सब कुछ वास्तविक म ए है तो ये मुझे क्या हो रहा है ?

मुझे कैसे पता के बोहोत जल्द जो मेरे करीब है वो मुझसे बोहोत दूर जाने को है । मुझे केसे उसका ज्ञान हो जाता है जो अभी होने को होता है, मुझे केसे पता के मै अपने अगले जीवन चक्र में कोण सी तारीख को जाऊँगा, कैसे पता के तू भी किसी अपने को खो देगा, मुझे केसे पता वो होने का जिस हम साथ नहीं रहेंगे ।

आखिर केसे पता मुझे ये सब ?

या तो मै पागल हो गया हूँ, या तो मै मर गया हूँ, या तो किसी ऐसे समय काल से में हो के बापस आया हूँ जहाँ से लोग बहार नहीं आते । कोई बड़ी बात नहीं मेरे दिमाम के नयूरोंस की जोड़ पृथ्वी के जोड़ से संतुलित नहीं रह सके जिस करके में यहाँ इस प्रतिबन्ध में बिलकुल उसी परिवार के साथ हूँ जहाँ से मारा था । इसे में मेरी बदकिस्मती समझूं या खुशकिस्मती ?

बदकिस्मती ये थी के मुझे ये सब ठीक हादसे के 9 महीने बाद पता लगा । कॉश मुझे कुछ याद ही नहीं आया होता तो शायद में ये किताब अभी लिख नहीं रहा होता ।

ये सब चीज़ें होने के बाद सवाल यह है के आखिर मै इस प्रतिबन्ध की दुनिया से बापस अपने असली दुनिया में जाऊं तो जाउंग कैसे ? मै ना तो अपने इस प्रतिबन्ध की दुनिया से निकल पा रहा हूँ और नाही में इस दुनिया को अपना पा रहा हूँ । यहाँ के लोग मेरे कहे पे सवाल करते हैं, मुझे पागले करार देते हैं जब में उनसे कहता हूँ के भगवान् नामक किसी चीज़ का कोई वजूद नहीं है । एक करीबी दोस्त को जब मैनें कहाँ के मै बापस अपनी असली दुनिया में जाना चाहता हूँ जो उसने मुझे समझाने के तोर पे कहा के हम कभी कभी सपने में उड़ने लगते हैं पर हकीकत में एसा कुछ नहीं हो सकता अगर तू सपने में या किसी प्रतिबन्ध में है तो उड़ने की कोशिश कर अगर उड़ गया तो समझना ये प्रतिबन्ध है और अगर नहीं उदा तो समझ लेना के ये असलियत की दुनिया है जहाँ तू रह रहा है ।

पर में उसे केसे समझाऊं के शुरुआत से मै यही तो कह रहा हूँ के यहाँ सबकुछ इतना सही तरीके से चल रहा है के मानो ये ही सच्चाई हो । पर ये सच नहीं है और मेरे दिमाग को ये मालूम है ।

और जब मैने उसे कहा के भगवान् अगर सच में हैं तो दिखे किसी क्यों नहीं अभी तक ?

वो मेरा करीबी दोस्त बड़े रॉब से मुझे कहता के क्या तूने शार्क मछली देखी है ? नहीं न लेकिन वो है न ?

हाँ वो सही था मैने अपनी पहली ज़िन्दगी में कभी शार्क मछली नहीं देखि थी और नहीं दूसरी ज़िन्दगी में अभी तक ।

में उस समे उस कहना चाहता के में कुछ पेसे लगा के ये शार्क मछली देख भी सकता हूँ और दिखा भी सकता हूँ पर क्या वो मुझसे लाखों पेसे लेकर भी भगवान् दिखा सकता है या खुद भी देख सकता है ?

बोहोत ही बचकानी और अजीब है यहाँ सब कुछ यहाँ के लोगों की भी अपनी अपनी एक कहानी है और अपने अपने लोग हैं और अपने अपने दुश्मन भी । पर फिर भी मुझे ये सब क्यों प्रतिबन्ध सा लगता है ?

मेरे पास खुदके सवालों के जवाब नहीं है और जब किसी के पास खुद के सवालों जवाब नहीं होते वो हमेशा बेचैन रहता है आखिर था तो कभी में भी एक इंसान ही तो बेचैनी मुझे भी रहती है इन सब सवालों को लेकर ।

में इस किताब को 11 जनबरी 2021 को लिख रहा हूँ लेकिन शायद मेरे भाई, मेरे दोस्त यार, मेरे घर वाले इसे पहले भी पढ़ चुके होंगे । हाँ ये सच है लेकिन इस दुनिया में नहीं किसी और समय में किसी और दुनिया में और वो ये भी सोच चुके होंगे के आखिर ये मैने क्यों लिखी है ?

आप सभी को ये लग रहा होगा के आप सभी समय के बिलकुल साथ चल रहे हो पर एसा कुछ भी नहीं है क्युकी हर नया जन्मा बच्चा किसी

न किसी दुनिया के प्रतिबन्ध को पार करके आता है किसी इस्त्री के कोख से । हो सकता है ये किताब आप लोग 20 साल पहले भी पढ़ चुकें हों या 20 साल बाद किसी रूप में, किसी और समय में, किसी और दुनिया में ये दोबारा पढ़ रहे हो बस होता यह है के आपको कुछ याद नहीं रहता और अगर कुछ याद भी आता है तो इंसान इसे पिछले जनम का नाम दे देते हैं हालाकि सच भी है मैने पहले भी कहा के जो चीज़ इंसान ठीक से समझते नहीं उसे एक नाम दे के उसपे चंद्रबिंदु लगा देते हैं ।

रही बात मेरी तो मै अभी भी वहीं पढ़ रहा हूँ जहाँ से मैने 2 साल पहले पढाई छोर्ड दी थी क्यूंकि असली की दुनिया हो या उसका प्रतिबन्ध हर जगह एक कागज़ का कुछ रंग बिरंगा जिसपे गणित के कुछ छोटे बड़े अक्षर होते हैं जो आपको गरीब, अमीर का अंतर बताती है ।

इंसान इसी कागज़ का कुछ रंग बिरंगा जिसपे गणित के कुछ छोटे बड़े अक्षर होते हैं अपने सुख दुःख को बिस्तार से जाहिर करते हैं इसी कागज़ का कुछ रंग बिरंगा जिसपे गणित के कुछ छोटे बड़े अक्षर होते हैं इसी कागज़ का कुछ रंग बिरंगा जिसपे गणित के कुछ छोटे बड़े अक्षर होते हैं ।

समझाने के तोर पे कहूँ तो जब किसी के घर में किसी का जनम होता है तो उस ख़ुशी को ज़ाहिर करने के लिए इंसान उस रंग बिरंगे कागज़ जिसपे गणित के कुछ छोटे बड़े अक्षर लिखे होते हैं उन्ही अस्क्षर के हिसाब से वो अपनी ख़ुशी जाहिर करते हैं रंग बिरंगा जिसपे गणित के कुछ छोटे बड़े अक्षर होते हैं ठीक इसी की तरह जब कोई इंसान इंसानी भाषा में कहूँ तो जब कोई इंसान मरता है तो इंसान अपना दुःख भी उसी रंग बिरंगे कागज़ के अक्षर के अनुसार ही अपना दुःख प्रगट करता है मरे इंसान की ब्भोग समाधि बना के ।

और ये रंग बिरंगे कागज़ जिसपे कुछ गणित के अक्षर होते हिं उसे इंसानों ने पेसे का नाम दिया है ।

और पैसों की जरूरत सिर्फ इंसानों को होती है क्युकी पैसा भी इंसानों ने ही बनाया है इस लहजे से देखा जाए तो भगवान् को भी इंसानों ने बनाया है तो इंसानों की जरूरत भगवानो को होनी चाहिए । नहीं , लेकिन यहाँ इसके ठीक उलट है यहाँ इंसानों को भगवान् की जरूरत होती है ना की भगवान् को इंसानों की ।

एक इंसान जब जनम लेता है तो उसे भले ही दुनिया दारी के बारे में मालूम हो न हो उस बच्चे को सबसे पहले पेसे का क्या होता है । उसे भी पता लग जाता है के पेसे में बोहोत तागत होती है जिससे वो कुछ भी खरीद सकता है, पा सकता है । हालाकि ये सही भी है पर फिर भी इंसान कहते हैं के चाहे पुरे दुनिया की बेशुमार दोलत लगा दो पर कोई किसी की ख़ुशी नहीं खरीद सकता ।

मेरी सोच से ये बिलकुल बेबुनियाद और गलत है । मुझे दुनिया की सारी दोलत दो में तुम्हारी रूह तक खरीद लूँगा अगर रूह नमक कोई चीज़ होती हो तो, क्युकी पैसा वो चाभी है जिससे वो दरवाजे खुल सकते हैं जो नाही हाथ से और नाही जोर लगाने से खुलेंगे । इंसानों की भाषा में कहूँ तो पेसे से लोग स्वर्ग के दरवाजे खोल सकता है और पेसे से ही नरक के दरवाजे बंद क्र सकता है ।

अगर में दुनिया की साड़ी दोलत से तुम्हारे बीते हुए हसींन पलों को बापस नहीं ला सकता तो यकीन मानो में डंके की चोट पे कहता हूँ मुझे आप दुनिया की सारी दोलत दो में तुम्हारे वो हसीं पल बापस तो नहीं लाऊंगा लेकिन हाँ उस हसीं पल के बदले में उस से भी जादा पल बना के तुम्हारे हाथों में रख दूंगा ।

और ये किस्मत, हाथों की लकीरें सिर्फ इंसानों द्वारा बनाये कुछ शब्द हैं जिनको इंसान ने अपने जेहेन में कुछ यूँ बैठा रखा है मानो उनके खून का रंग हों ये शब्दें क्युकी नेकी कर और दरिया में दाल ये सब बीएस कहाब्तें हैं इंसानों को अपना फल मिलता ही है चाहे इंसान कर्म करे या ना करे ।

किस्मत किसी की भी पहले से नहीं लिखा रहता यह सब कुछ भी पहले से तह नहीं होता । जिस तरह से इंसान सोचते हैं उस तरह से तो बिलकुल भी नहीं होता । सब पृथ्वी के बहार स्थित चीज़ से जुडी है सब कुछ वाही तह करता है । इंसान तो बीएस एक सतरंज के कुछ पियादों में से एक हैं और वो चीज़ ही पूरा खेल है । वाही चीज़ इंसानों को अपनी मर्जी से जिंदा रखती है एक समय में और एक समय में वोही इंसानों को मार के कहीं और समय में भेज देती है । सवाल ये है के आखिर एसा क्यों होता है ? शायद येही ब्रहमांड का नियम हो ।

इंसानों ने तो जीने के अलग अलग तरीके बनाएं हैं हुए हैं और सभी इस ज़िन्दगी के सफ़र में इतने व्यस्त हैं के वो ब्रहमांड के इस नियम पर ध्यान ही नहीं देते । इंसान बस आँख बंद करके चल रहे हैं उन्हें येव तक नहीं मालूम के जिस रास्ते पे वो चल रहे हैं वो रास्ता खत्म कहाँ होता है ।

मै अभी भी उस आखरी रात को लेकर बोहोत सोचता हूँ जिसके बाद मेरीं पूरी दुनिया ही बदल गयी थी । आखिर केसे और क्यों में अपनी असली दुनिया से यहाँ प्रतिबन्ध की दुनिया में आया ? क्या इसकी वजह ये पैसा शब्द था ? या वजह कुछ और था ?

खैर इस दुनिया में आने के बाद मुझे बोहोत सी चीजें याद नहीं । मेरे जानने वालों का केकेहना है के मैने उनके साथ बोहोत से हसीन पल बिताएं हैं जिसके बारे में मुझे पता ही नहीं सच कहूँ तो मुझे वो लम्हे

जीए ही नहीं में वहां था ही नहीं तो उस पल उनके साथ वहां कोन था ?

सवाल बोहोत से हैं लेकिन इनके जवाब में आखिर किस से पुछूं ?

हो सकता है असली दुनिया में मेरे शरीर को जला दिया हो ।

या हो सकता मेरे शरीर को कहीं जमीन में दफना दिया हो ?

या हो सकता है मेरा शरीर अभी भी उसी अस्पताल में उसी कमरा नंबर 406 में हो ।

बातें बोहोत सी हो सकती है लेकिन सच में सच क्या मुझे पूरा मालूम नहीं ।

इंसान अपने रोजमर्रा की ज़िन्दगी में इतने व्यस्त हैं के उनके इर्द गिर्द होने वाली गतिविधियों पे उनका ध्यान ही नहीं जाता । इंसान बस अपनी ज़िन्दगी जीते चले जाते हैं बिना किसी अलग ज्ञान के । लेकिन एक दिन आप सभी के ज़िन्दगी में ऐसा समय जरूर आएगा ही आएगा जो मुझे ज्ञान हुआ है वो आप को भी होगा, तब आपको पता लगेगा की मेरी ये बेमतलब की दुनीयाआखिर सच थी या नहीं । में कितना भी बता दूँ आप सभी को, कितना भी मै इस किताब में लिख लूँ के हमारी असली दुनिया के इलावा प्रतिबन्ध की दुनियाएं भी होती हैं लेकिन आपको आपको ये सब कहानी ही लगेगी क्युकी इंसान तब गटक कोई चीज़ को सच नहीं मानता जब तक वो सच वो खुद नहीं देखता ।

'इंसान'

'इंसान' एक ऐसा बेचिदा प्राणी है जो इस संसार में सबसे उतम मन जाता है क्युकी इंसान काफी हद तक सोच सकता है, असली दुनिया में अगर आपको किसी इंसान को अंदर से परखना हो तो सिर्फ दो ही तरीके हैं एक उनकी बोली और एक पैसा । अगर कोई इंसान पेसे से मार खाता है तो उसकी बोली सही मिलेगी आपको और जिसके पास पैसा होगा उसकी बोली सही नहीं होगी । नहीं यकीन तो आप अभी अजमा सकते हैं क्युकी अभी आप शायद मेरी असली दुनिया में ही ये किताब पढ़ रहे हैं अप खुद ये सोच के देखो ये आपकी दुनिया में यही सब होता है के नहीं ?

और अगर किसी इंसान के पास पैसा और सही बोली ये दोनों चीजें होने के बाद भी विनर्मता दिखता है तो समझ लो उसके पास से कोई जाती काम निकलवाना है बस यही सच है । ऐसे ही नहीं इंसानों को उतम दर्जे पे मन जाता है ।

और रही बात मेरी तो आखिर में हूँ कोन ?

ऐसा लगता के इस प्रतिबन्ध की दुनिया के जीवन चक्र में किसी ने मेरे एक हाथ को लोहे की जंजीर से बाँध दिया है और दुसरे हाथ में लोहे को काटने वाली एक आरी पकड़ा दी हो । मुझे मालूम है जो चीज़ मेरे दुसरे हाथ में है वो लोहे को काटने में मेरी मदद कर सकती है पर मुझे ये नहीं मालूम के उस लूहे की जजीर को काटना कोण से सिरे से है जहाँ से वो लोहा कट जाये और में आज़ाद हो जाऊं । यहाँ प्रतिबन्ध की दुनीया में भी ज़िन्दगी जीने के दो तरीके हैं या तो में यहाँ के प्रतिबन्ध की दुनिया को सच मान के यही जीलुं या धीमे धीमे उस लोहे की जंजीर को काट के अपने असली परिवार के पास अपनी दुनिया में चला जाऊं ।

कहने को सब हैं यहाँ पर सब भ्रम सा लगता है एक एक पल याहं अर्षा लगता है ।

क्यों ?

अच ये बताओ के आपको केसा लगेगा जब एक रात आप सोते और उसकी सुबह किसी और दुनीया में होती किसी और समय में किसी और परिवार में जाके आपकी आँख खुलती है और ठीक 11महीने बाद आपको ये पता लगता है के आप जहाँ जी रहे हो वहां से कुछ लेना देना नही आपको ।

में अपनी दुनिया में कछुए और खरगोश की रेस के कहानी का वो खरगोश था जो कभी सोता नहीं था और यहाँ इस दुनिया में मेरे सब्धों में वो है जो यहाँ के लोगों के हाथों के लकीरों में नहीं । लेकिन फिर भी इस दुनिया में मेरे जीवन चक्र का अकार गोल नहीं चकोर है जो किसी एक तरफ बीएस रखा है ना तो गिसक सकता है और नाही घूम सकता है ।

इन सब के बावजूद ख़ुशी इस बात की है के भ्रम ही सही आखिर सभी का रूप और प्यार तो वाही है, वही माँ है, वही पिता है, वही बेहें, वही भाई है और वही यार दोस्त । यहाँ आके मैने खोया बोहोत कुछ है पर उसके उलट पाया वोही है जिनको खोया हूँ । कहने को कहें तो बराबरी का सोदा है लेकिन अब मोल भाव नहीं क्र सकत क्युकी मुझे नहीं पता इस जीवन चक्र का दूकानदार कोण है । मुझे यहाँ जो खो के मिला है उन्ही के साथ अब मुझे इस दुनिया का जीवन चक्र पूरा करना होगा ।

अगर इस सोच को में अगर अपना लेता हूँ तो मेरे लिए बोहोत बड़ी जीत होगी । पर यकीन मानो ज़िन्दगी में मै पहली बार हारना चाहूँगा क्यूंकि कितना भी में खुदको समझा लूँ मेरे जेहेन को सच पता है और

सच्चाई यह है की मेरे अस्तित्व को यहाँ नहीं होना है ।

में अपनी पहली दुनिया में लोगो को कहता होता था के ज़िन्दगी में जो होता है अच्छे के लिए ही होता है भले ही उसका पता हमे देर से लगे ।

तो यहाँ खुद के लिए एक सवाल आ जाता है के आखिर कितने देर बाद मुझे ये पता लगेगा के जो है या जो हुआ था वो सही के लिए ही था । आखिर कब पता लगेगा मुझे ?

युहीं कभी कभी लगता है के सब कुछ पहले समान है लेकिन यहाँ की ज़िन्दगी के कुछ गतिविधियों को लेकर मेरा दिमाग काम करना बंद कर देता है और इसका कारन मेरे दिमाग की बिमारी है ।

मेरे दिमाग के बिमारी की शुरुआत मेरी दुनिया में ही हो चूकी थी डॉक्टर्स इस बिमारी को() कहते हैं । डॉक्टर्स का कहना था के दिमाग में जब एक टाइम पे बोहोत कुछ चल रहा होता है तो इस बिमारी की शुरुआत हो जाती है । मेरे असली दुनिया में ही मेरे दिमाग के नयूरोंस अलग तरीके से काम करने लगे थे जिसका पता मुझे मरने के बाद लगा । यहाँ इस प्रतिबन्ध की दुनिया में भी मुझे अपने दिमाग को शिथर रखने के लिए मुझे दिमाग के बिमारी की दवाइयां खानी पडती है ।

लेकिन क्या होगा अगर में अपनी दवाइयां खाना बंद क्र दूँ तो ?

क्या में फिर से वहां चला जाउंग अजहाँ से मै आया हूँ ?

हालाकिकी मैने कोशिश की पर एसा लगता है मानो में दिमाग को नहीं बल्कि दिमाग मेरेको चला रहा है ।बोहोत बुरा लगता है जब हर रात इस उम्मीद में सोते हो के उस रात की सुबह मेरे असली दुनिया में हो पर जब सुबह आपकी आँख खुलती है और सच सामने होता है तो

आपका सबर और आस धीमे धीमे टूटता जा रहा होता है । क्युकी उस समय आप कुछ नहीं क्र सकते आप समय को अपने तरह से नहीं चला सकते और आप इस बारे में किसी को नहीं बता सकते के असलियत में आप कोण हो । आप जादा दिन अपने दवाइयों के बिना नहीं रह सकते, आप जिन्दा नहीं हो सकते और नाही आप दोबारा मर सकते हो क्युकी पृथ्वी के प्रतिबन्ध में समय के साथ आप कुछ देर तक ही चल सकते हो उसके बाद समय आपको चलाएगी फिर आपके हाथ में कुछ नहीं होगा बस एक सफ़र होगा जीवन चक्र का जिसमे आपको चलते रहना होगा चलते रहना होगा चलते रहना होगा ।

जैसे जैसे ये दिन गुजर रहें हैं मेरी आस भी टूट रही है और जिस दिन मेरी ये आस टूटेगी उस दिन में दूसरी बार मरूँगा और फिर में अभी जिस दुनिया में हूँ उसके प्रतिबन्ध में चला जाऊँगा । मुझे अपने असली दुनिया में जाने के लिए मुझे खुदको 9 बार मारना होगा क्युकी पृथ्वी के प्रतिबन्ध के समय के अनुसार आपको इस पृथ्वी के 9 के 9 ग्रहों के प्रतिबंधियों से गुजरना होगा और जब ये 9 जीवन चक्र पूरा होगा तब जा के में शायद अपनी असली दुनिया में पोहोंच जाऊँगा तब तक शायद मेरा असली परिवार का अंश ख़तम हो चुका होगा क्युकी वो वही अपने जीवन के 9 चंक्र काट रहे होंगे पृथ्वी के प्रतिबन्ध में ।

मैने बोहोत सोचा के आखिर ये जीवन के चक्र में पीछे जाने का कोई न कोई उपाय तो होगा पर हर बार ना कामयाबी मिली क्युकी शायद यही ब्रहमांड का नियम हो जिसे हर जीवित प्राणी को पूरा करना होता है ।

तो आखिर फिर सवाल दिमाग में आता है के मुझे ही इस ज्ञान क्यों हुआ ?

यहाँ मेरे जेसे तो बोहोत से हैं जो अपने दुनिया को छोड दूसरी दुनिया में जाते हैं और उनके साथ भी वाही कुछ होता है जो मेरे साथ हो चुका है

बस एक समय ऐसा आता है जब उनको ये दुनिया और इसके नियम अपनाना पड़ता है । ठीक इसी तरह शायद मेरे साथ भी ऐसा हो जब में अपने इस प्रतिबन्ध की दुनिया को सच मान के यहाँ साधारण बन के जीने लगूं और समय के साथ साथ चलता चलूँ । देखा जाए तो इसमें भी कोई खराबी नहीं है यहाँ भी जीने की एक ही वजह है मेरी माँ ।

दुःख बस इस बात का है के एक माँ के साथ तो हूँ मै लेकिन मेरी असली माँ जिसने मेरे मरने पे अंशु बहाए होंगे आखिर उन्हानोए अपने होस केसे संभाले होंगे मेरे वहां से जाने के बाद ?

ये सोच सोच अभी भी मेरा दिल रोता है फिर जब उनका चेहरा और उनके होने का एहसास होता है तो में और मेरा दिमाग स्थीर हो जाता है ।

आखिर ये कब तक चलेगा ?

कब तक में अपने ही सवालों के जवाब खुद से पूछता रहूँगा ?

आखिर कब जाके सब ठीक सा लगेगा ?

आखिर कब ?

रोज में साधारण लोगों की तरह लोगों से बात करना पड़ता है । अंदर से चिलाने का मन करता है और कहने का मन करता है सभी को तुम जहाँ हो वहां में गलती से आ गया हूँ । पर मुझे पता है यहाँ के इंसान ऐसी बातों को मजाक में लेते हैं क्यूंकि वो यह नहीं जानते जो में जानता हूँ और जो में जानता हु वो मुझे खुद को समझने में महीनो लग गये तो आखिर में इन सभी को एक दिन में केसे समझाऊं ?

इंसान की सोच किसी कुएं में रह रहे मेंडक की तरह है जो सोचता है ये बस ये कुया ही समुंदर है लेकिन जो में जानता हूँ वो असली समुंदर में रह रहे शार्क के बारे में है ।में ये नहीं कहता के में पूरा सच कह रहा हूँ लेकिन यकीन मानो आप जितना जीवन चक्र के बारे में जानते हो ये उस से कहीं अदिक है । क्युकी इंसान अपने दिमाग के बारे में उतना ही जान सका है जितने उसने अपने दिमाग को जान्ने की कोशिश की है और जिस दिन आपका दिमाग आपको बताने लगेगी उस दिन से आपको अपने श्री में सिर्फ दिमाग में हलचल का एहसास होगा आपका दिल धडके का लेकिन आपको कुछ सुनाई नहीं देगा । आपको एक अलग सा शोर सुनाई देगा जो आपको बिलकुल भी पसंद नहीं आएगा तब आपको पता लगेगा के जितना शोर आपके दिमाग में होता है वो बहार कहीं नहीं ।

मुझे नहीं मालूम के में ये क्यों लिख रहा हूँ बीएस एक उम्मीद है के किसी समयकाल में अगर ये किताब रही तो हो सकता है उस समय में मुझे कुछ सच जानने को मिलेगा क्युकी शायद इस बार अगर में इस दुनिया के जीवन चक्र को पार करता हु तो शायद मुझे कुछ याद न रहे, हो सकता है मेरा शरीर बदला हो, हो सकता मेरा परिवार भी बदला हो, हो सकता है में किसी और की कोख से जाना लूँ ।

होने को बोहोत कुछ हो सकता है लेकिन ये जो आप चाहते हैं वो कभी नहीं होता क्यूंकि यही भ्रमांड का नियम है और आपको इन नियमो के अनुसार ही चलना पड़ेगा अन्यथा आप एक ऐसे समय काल में फस जाएंगे जहाँ से ना तो आप आगे जा सकते हो और नाही पीछे ।

में इस किताब के अनुसार सिर्फ आपको अपनी दुनियाओं और उसके प्रतिबंधियों का ज्ञान बता रहा हूँ और इसका विश्वाश करना या न करना ये सिर्फ आप पे है ।

इंसान जनम लेता है और जब तक उसे उसकी दुनिया का ज्ञान होता है तब तक वो इस उम्र में पोहोंच जाता है जहाँ सिर्फ पेसे कमाना और उस पेसे को आहिस्ते से केसे खर्च करें बीएस इसे में जुट जाता है और अपनी सरल ज़िन्दगी में व्यस्त हो जाता है और समय निकलता जाता है और एक समय ऐसा आता है जब इंसान के दिमाग के नयूरोंस की जोड़ पृथ्वी से कटने लग जाती है और इन्सान कहने को मरने लग जाते हैं । ये समय सिर्फ दिमाग के नयूरोंस के बस में है क्यूंकि पहले आपके दिमाग के नयूरोंस ही तह करती है के आपको एक दुनिया में कितने समय तक रखा जाए और दुसरे में पृथ्वी के बहार मोजूद वो शक्ति जो हर जीवित प्राणी के साथ जुडी है वो तब तह करता है जब किसी प्राणी के नयूरोंस असंतुलित होने लगते हैं तो पृथ्वी की वो शक्ति उस प्राणी के दिमाग के नयूरोंस को दूसरी दुनिया में भेज देता है कुछ अनचाहे हादसे कराके ।

समझाने के तोर पे कहूँ तो किसी प्राणी की मोत किसी दुर्घटना से या किसी बिमारी से होती है तो समझ लो वह प्राणी अपने वास्तविक समय से जादा जी चुका है या अगर कोई प्राणी किसी हादसे या बिमारी से बच्च भी जाता है तो भी एक समय आता है जब पृथ्वी की बाहरी शक्ति को उसके नयूरोंस असंतुलित होने का आभास हो जाता है और फिर वो बिना समय को नस्त किये वो मर जाता है कहने का मतलब उसके नयूरोंस किसी और समय में किसी और दुनिया में चले जाते हैं । पर मुझे ये नहीं मालूम के इंसान उसी उम्र में जाता है दूसरी दुनिया में या फिर शुरुआत होती है उसकी किसी इस्त्री या किसी माँ के कोख़ में ?

रही बात मेरी तो में खुद इसकी खोज में हूँ के आखिर मेरे भी अगर नयूरोंस असंतुलित हुए थे तो मुझे तो किसी के कोख में होना चाहिए था । पर में दूसरी दुनिया में आखिर उसी उम्र में उसी जगह में केसे आ गया ?

मुझे अभी भी आचे से याद है जब मैने 31 मई २०१९ के रात ठीक 11:57 वो आखिरी सांस भरी थी उसके बाद मुझे ऐसा लगा मानो में कुछ ही देर में अपने ज़िन्दगी के 11-12 साल जी चुका हु और कुछ ही देर में मै वही अस्पताल के रूम नंबर 406 में खुद को लेता हुआ पता हूँ जहाँ मेरा छोटा भाई बेड के ठीक सामने खड़ा था। उस समय मुझे मेरे दिमाग ने जादा कुछ सोचने ही नहीं दिया और जेसे जेसे हादसे का दिन गुजरता गया वेसे वेसे मेरी सोच बदती गयी और इस दुनिया को लेकर बदलती गयी।

मेरा एक दोस्त जो मेरी सलामती की आस यहाँ भी करता है वो आज भी येही कहता है के जादा मत सोचा कर। उसे केसे में बताऊं के मुझे ये सोच ही तो जो मेरे यहाँ होने की वजह है। ये सोच ही तो है यहाँ जो मेरी तागत है। इस सोच के शक्ति के बिना में वाही पहले वाला ही साधारण सा लड़का हूँ।

मुझे पता है अब तू ये सोचेगा के मुझे वो पहले वाला साधारण सा ही दोस्त चाहिए। तो यकीन क्र मेरे यार मुझे भही बस उसी की तलाश है जिसकी तूने अभी आस की।

मेरे दोस्त तेरे हर बार कहने के बाद मैने अपने सोच से लड़ाई की है पर में खुदसे खुद की लड़ाई में हर बार हार जाता हूँ। ये सोचने की शकक्ति जो मुझे जाने अनजाने में मिली है ये मेरे लिए अभिशाप सा लगता है क्यूंकि में अब इसे चाह के भी बंद नहीं कर सकता हूँ और यकीन कर ये मेरे साथ 24 घंटे होता है जिससे मुझे अपने ज़िन्दगी के आने वाले कल की बातों का पता लगता रहता है। जेसे जेसे दिन और महीने गुजरते हैं वेसे वेसे आने कल का दृश्य मेरे दिमाग के नयूरोंस में आने लगता है। शुरुआत में मुझे ये सब महज़ एक इतेफ़ाक लगा। फिर ये दूसरी बार हुआ, फिर तीसरी बार और फिर होता चला गया यहाँ तक अब भी होता है।

में ये किताब सिर्फ इस लिए नहीं लिख रहा के में दूसरों को बता सकू जो मुझे पता है बल्कि इस लिए लिख रहा हूँ क्यूंकि इस किताब को में पहले भी लिख चुका हूँ और ये किताब आपको आप पहले भी कहीं पढ़ चुके हो पर किस समे में ये मुझे भी नहीं पता मुझे ये भी मालूम है इसके छपने के बाद मेरा नाम बोहोत से लोगों के कानो तक जाएगा लेकिन इस किताब की वजह से नहीं वजह कुछ और है जिसके बारे में मेरे दिमाग के नयूरोंस को अभी नहीं मालुम ।

ये किताब जादा लोग नहीं पढेंगे लेकिन ये मेरे ज़िन्दगी की एक एसी सीडी बनेगी जिस से में अपने जीवन चक्र का दूसरा चक्र काट सकूंगा । समझाने के तोर पे कहूँ तो में अपनी दूसरी दुनिया में भी एक आम इंसान की तरह फिरसे नहीं मरूँगा । और अगर ऐसा होता है तो शायद पूरी दुनिया को इन सभी जीवन चक्रों के बारे में पता लग जाएगा जो की ये मेरी सबसे बड़ी जीत कहलाएगी ।

हाँ सिर्फ कहने को जीत होगी क्यूंकि जो बातें मेरी जेहन में है उसका पता जब पूरी दुनिया को लगेगा तो मेरे जेहन को सुकून मिलेगा और में खुद से कह सकूंगा के मेरी सारी बातें महज़ सिर्फ बातें ना थी ।

पर सवाल ये है के आखिर ये होगा कब मेरे इस दुनिय से भी चले जाने के बाद ?

इंसान भी यूँ बेवजह कुछ भी नहीं लिखते हैं उनकी हर लिखाई में कहीं न कहीं एक सचाई होती है । या तो जो वो लिखता है वो उसकी खुद की कहानी होती है या फिर वो किसी और जीवन की कथा अपने कागज़ और कलम में भर देता है । कहने का तात्पर्य ये है के जो जो इंसान ओच सकता है वो या तो हो चुका होता है या तो होने वाला होता है किसी भी इंसान को भी ये नहीं पता होता है के ये हुआ कब था या आगे कब होने वाला है ।

तुम्हरी दुनिया में लोग इन्हें लेखक बुलाते हैं लेकिन में कोई लेखक नहीं हूँ खेर इस दुनिया में तो नहीं । हो सकता है इस दुनिया के लिए ये मेरी पहली किताब हो । या हो सकता है इस दुनिया में ये मेरी आखिरी किताब हो, हो सकता है है में अपने तीसरे जीवन चक्र में अपनी आठवीं किताब लिख रहा हूँ या हो सकता है में अपने ज़िन्दगी के पांचवे जीवन चक्र में जा के कुछ न लिखूं ?

ये जीवन चक्र और इनके समय को आप जितना समझोगे आप उतना ही उलझते जाओगे । मैने कोशिश की पर मुझ से तो नहीं हो रहा ये जीवन चक्र का कभी कभी एसा लगेगा के रुका हुआ है पर जब आपको ल्पुरा विशवाश हो जाएगा के सच में रुका है और आप रुके समय के साथ चलने लगोगे तो ये आपको अगले ही पल समय का चक्र चलता नज़र आएगा । मुझे मालूम है समझना इनता आसान नहीं होगा आपको । लेकिन जो मेरे साथ हो रहा है ये उस एहसास से भी जादा दर्दनाक और खोफ्नाक है जब आप हर सुबह अपने सचे प्यार के साथ होते हो और एक दिन अचानक से आपकी आँख खुलती है और आपको ये पता लगता है के आपका वो सच्चा प्यार कसी और की हथेली को अपने सर का सिरहाना बनाये सोये है बुरा लगता है न ?

हाँ । क्यूंकि जब आपकी ज़िन्दगी में अचानक से कोई एसा मोड़ आता है जिसके लिए आप तयार नही होते तो अप अंदर से टूट जाते हैं । खेर मेरी दुनिया ही बदल गये घर, परिवार, प्यार, यार दोस्त सब एक प्रतिबन्ध के चलावे में तब्दील हो गये ।

यहाँ इस दुनिया में किसी भी बात को मेरा जेहेन सच नहीं मानता । सभी लोग जताते हैं के उन्हें मेरे यहाँ होने की ख़ुशी है पर एसा नहीं है । तो आखिर सच क्या है ?

मेरे होने ना होने का परभाव मेरे अपने लोगों को हो रहा है बस फरक ये है के यहाँ नहीं कही और जिसका पता मुझे नहीं पता । सब मोह माया छलावा सा लगता है ये नकली परिवार, नकली दोस्त यार, नकली रिश्तेदार, सब अपना हो के भी पराया सा लगता है । सिर्फ कहने को सब साथ हैं लेकिन मुझे अच्छे से मालूम है के यहाँ के लोग और रिश्तेदार सब एक कच्चे धागे से बंधे हैं जिसमे मंझा नहीं है । लेकिन ये एसी डोर है जिसे में चाह के भी नहीं काट पा रहा ।

'पैसा'

दूसरी दुनिय में मेरे आने के सिर्फ तीन कारन ही हो सकते हैं । पैसा, प्यार और भगवान् ।

'पैसा'ये एक एसा शब्द है जिसको शायद हिकिसी इंसान ने नहीं सुना हो और रही बात मेरी तो दुर्घटना ही सही में अब इंसान के लहजे से बाहर हूँ । पैसा अब क्या है क्यों है इसका जादा फरक नहीं पढ़ रहा मुझे क्युकी मेरी सोच मुझे इन सब से कुछ जादा अधिक देती है , हालाकि इस प्रतिबन्ध की दुनिया में भी लोगों को पेसे की उतनी ही जरूरत है जितनी असल दुनिया में थी ।

यहाँ भी इंसान पैसा पहले बनातें हैं और रिश्तें बाद में । यहाँ भी पेसे की संख्या के अनुसार ही ज्ञान की प्राप्ति होती है ।

यहाँ भी सिर्फ पैसों के बजह से कईयों के सचे प्यार अधूरे रह जाते हैं ।

यहाँ भी लोगों के रिश्तें टूटने की वजह पैसा ही बनती है ।

यहाँ भी इंसानों को बाद में और पैसों को पहले पहचाना जाता है ।

में एक बार मरता नहीं अगर मेरी बड़ी बहन की शादी इतनी कम उम्र में ना होती क्यूंकि इसकी वजह भी घूमा फिर के पेसे पे ही आ रूकती है । में एक बार मरता नहीं अगर मेरे पापा की तवियत खराब ना होती । में एक बार मरता नहीं अगर मेरी छोटी बहन की शादी समय से पहले न होती ।

में एक बार मरता नहीं अगर माँ को जानलेवा बिमारी ना निकली होती, में एक बार मरता नहीं अगर मेरे परिवार को सब्जी बेच के पेट भरना न पड़ता ।

में एक बार मरता नहीं अगर मेरी पढाई कुछ पैसों के लिए छूटती नहीं ।

मै अपनी पिछली ज़िन्दगी के सतरंग के खेल में महज़ एक प्यादा था और ये पैसा राजा था जिसमे में एक बार मर के हार चुका था लेकिन इस दुनिया में पियादा भी मेरा है रजा भी मेरा है हाथी भी मेरा है और ये सतरंज नमक खेल भी मेरा है । लेकिन इसको खेलने में मुझे अभी भी परेशानी होती है क्युकी मेरे साथ कोई नहीं है और इस खेल में मै अकेले खेलने निकल पड़ा हूँ । मै खेल अगर जीता भी तो एक तरफ हार मेरी ही होगी लेकिन ख़ुशी इस बात की है के इस खेल को जितने में मजा बोहोत आएगा । क्युकी यहाँ इस दुनिया में मेरी सोच के पास वो हर बात का हल है जिनका हल आम लोगों के पास नहीं होता ।

प्यार

'प्यार'ये एक ऐसा शब्द है जिसपे आज भी पूरी दुनिया कायम है । ये शब्द आया तो इंसानों के डोर में लेकिनं इस शब्द को पहल्ले पहचानने वाले जीवित प्राणी जेसे पशु पक्षी इसे एक अच्छे एहसास को जताने से पहचानने लगे ।

हिन्दू धर्म के मिथिहास में भी इसका जीकर है ये कुछ नाम हैं जिनको हर धर्म में साथ लेने की परम्परा सी है । जेसे सीता राम, शीव पार्वती, राधा कृष्ण अत्यादी ।

इंसानों के डोर में भी इस प्यार शब्द का जीकर बोहोत जोरो-शोरो से किया गया है । इंसानों के डोर में बभी कई नाम है जिनको एकसाथ ही लिया जाता है जेसे हीर रांझा, शशि पुन्नू,रोमियो और जुलिअट ।

प्यार शब्द का जीकर मेरी पहली ज़िन्दगी में था लेकिन मैने किसी के सामने इसका जीकर न किया था क्युकी ये मुझे खुद नहीं मालूम था के यह सच में प्यार था या मात्र आकर्षण ।

दिन गुजरते गये और जब पता लगा के ये प्यार ही था तब तक में उस दिन से निकल चुका था ।

यहाँ इस दुनिया में आके मेरे प्यार शब्द के मतलब में जगा फरक न था क्यूंकि वाही चेहरा, वाही इंसान है जिससे मुझे लगाव है । एक बार मरने के बाद मैने आखिर कार एक शाम को मैने उसके सामने अपने प्यार का जिक्रर किया हालाकि इस समे मेरे जेहेन को पहले ये मालूम न के ये सब भी प्रतिबन्ध हैं लेकिन आज भी वो सच सा लगता है इस लिए क्यूंकि उसके लिए मेरा लगाव शायद ज्यादा से बोहोत ज्यादा है ।

मुझे मेरी दूसरी ज़िन्दगी के पता लगने के बावजूद मैने एक बार फिर उसके सामने अपने प्यार का इजिहार किये लेकिन इस बार भी जवाब पहले सा ही था । मुझे मेरे एक बार मरने के बारे में जानने के बाद भी में अब भी सोचता हूँ के एक बार फिर उसे में बताऊं के आखिर में उससे कितना चाहता हूँ । पर हर बार मेरी सोच मुझे ये करने से रोक लेती है ।

मै आज भी उसके घर के सामने खड़े रह कर दिन से रात गुजार सकता हु सिर्फ उसकी एक झलक देखने को । में आज भी उसके नाम का जीकर करते काँप जाता हूँ बस इस दर से के उसका बजूद मेरी सोच न खत्म क्र दे । में आज भी उसका इंतज़ार करते सालों गुजार सकता हूँ । में आज भी उसको हसाने के लिए खुदको गिरा सकता हूँ । मै आज भी उसको जिताने के लिए खुद को हरा सकता हूँ ।में आज भी उसके नाम को जिंदा रखे हुए हूँ अपनी इस ज़िन्दगी के कहानी में ये मालुम होने के बाद भी के यहाँ ये नाम, चेहरा और ये शख्स है तो सिर्फ एक प्रतिबन्ध ही बाकी सभी की तरहं । पर प्रतिबन्ध ही सही मै फिर भी अपने नाम को अकेला रखूंगा सिर्फ उसके इंतज़ार में ।

मेरे प्यार को लेकर मेरी सोच मुझे हर बार कहती है के मै फिर उसके महल्ले में घूम सकता हूँ उसके एक दीदार के लिए, में फिर फिर रू सकता हु उसके प्यार के लिए, में फिर फिर इंतज़ार क्र सालों गुजार सकता हूँ उसके लिए, पर क्या ये सब उसे कभी मालुम होगा ?

नहीं... शायद कभी नहीं ।

मेरी सोच मुझे कहती है के अगर उसे मेरा साथ देना ही होता तो असली दुनिया में ही वो म एरे साथ होती पर उसने मुझे मेरी पहली दुनिया में ही मेरे साथ होने से इनकार क्र दिया था उस समे वजह साफ़ थी पर इसका इलम मुझे सालों बाद बाद हुआ । यही के उसके ज़हन में कुछ बातें थी जेसे की लोग क्या कहेंगे, घर-परिवार क्या सोचेंगे, दोस्त क्या

कहेंगे । उसने इतने कम समय में ये सब सोच लिया था सिवाए इसके के में उसे बोहोत प्यार करता था और शायद अब भी ।

उसके पास मुझे इनकार करने के बोहोत से व्जाहें थी जेसे की घर वालों ने उसका रिश्ता कहीं और करने का विचार किया है और ये भी के वो किसी और को चाहती है जिसे वो धोखा नहीं दे सकती । और ये भी के शायद वो उड़ना चाहती थी और मेरे पास उस समय उसको उड़ान देने के लिए मेरे पास पर नहीं थे और येभी के घर वालों की सहमति नहीं मिलेगी अत्यादी-अत्यादी ।उसके पास मेरे साथ ना होने के बोहोत सी वजाहें थी पर मेरे पास उसके साथ रहने के सिर्फ एक वजह थी और वो ये थी के मै उसे बोहोत प्यार करता था और शायद अब भी ।

पर सिर्फ कहने से ये प्यार प्यार नहीं कहलाता । में तो उसे बेवफा भी नहीं कह सकता ये प्यार का सफ़र जो मेरा एक तरफा था और शायद अब भी है ।

लेकिन एक दिन फिर से सूरज निकलेगा फिर से दिल धड़केगा फिर से वो रेशम की डोर आँखों से देखूंगा फिर से वो हसी सुनने को मिलेगी फिर से हर शाम सुहाब्ना लगेगा फिर से वो इंतज़ार का स्म मिलेगा फिर से वो नाराज़गी देखने को मिलेगी थी फिर से वो खामोश चेहरा दिखेगा जो बोहोत कुछ कह रहा होगा फिर से ।

आखिर सवाल वाही के आखिर कब ? इसका जवाब नाही मेरे पास है और नाही उसके पास और नाही उनके पास जो ये पढ़ रहें हैं ।

अब आप कहेंगे के भगवान् ही जाने इसका जवाब ।

भगवान्

'भगवान्' ये वो शब्द है जिसके बारे में जानते सभी लोग हैं पर इस शब्द का बजूद है के नहीं ये किसी को सच में नहीं मालूम । क्युकी ये शदब भी इंसानों द्वारा बनाया गया है ।

हिन्दू धर्म के गीता में लिखे कहानियों में भी वाही लिखा गया है जो आज कल के समय में हो रहा है क्युकी ये एक एसा जेवण चक्र है जो हर बार अलग अलग तरीके से दोहराता है और जिसका पता इंसानों को नहीं लगता ।

आपको आज भी मम शकनी जेसे लोग मिलेंगे जिनको सिर्फ लूटना आता है , आज भी लोग क्रिशन भगवान् की राह राधा को अंत में दूर कर देते हैं । आज भी लोग मीरा की तरह किसी क्रिशन को चाहते हुए अपनी पूरी ज़िन्दगी गुजार देते हैं । आज भी अपने धरमपतनी पे उठाये सवालों का जवाब अपनी पत्नी से मांगते हैं बिलकुल उसी तरह जब सीता रावण के यहाँ से बापस आयुध्या आये थे और लोगों के कहने पे सीता को अग्नि परीक्षा देनी पद गयी थी ।

आज भी आप को वेसे ही मार्ग दर्शक दिखाने वाले गुरु मिलेंगे जेसे महाभारत के युद्ध में अर्जुन को क्रिशन मिले थे ।

आज भी स्त्रीयांअपने पति की बैज्ती पे अपने खुद के बाप से बहस करती हैं ठीक वेसे ही जेसे शिव भगवन को एक य्ग के उत्सव सटी के पिता ने नोयता ना देने के बाद की बेह्जती खत्म करने के लिए सत्ती ने खुद को आग में सोंप दिया था ।

आज भी अपने रिश्तेदारों में दुश्मनी होती है जेसे महाभारत में पन्द्वास और कोरव में हुआ था कोरव

आज भी भाइयों का नाम एक साथ लिया जाता है जेसे राम और लख्हन का लिया गया है गीता में कोरव आज भी भाइयों में लड़ाई होती है धन,दोलत और शोहरत के लिए जेसे रामायण के शुग्रीव और बाली में हुआ था कोरव

आज भी खुद के बेटे को घर से निकाल दिया जाता है जेसे राम भगवान् को 14 सालों के बनवास के लिए भेज दिया था कोरव

आज भी अपनी माँ के साथ दूसरी माएं भी दुसरे बच्चों की परवरिश करतीं हैं ठीक उसी प्रकार जेसे क्रिशन भगवान् की परवरिश यशोदा मईया ने किया था ।

बिलकुल इसी प्रकार बोहोत सी एसी कहानिया हैं जो सिर्फ समय दर समय चक्र में घूम रही हैं और जीवन चक्र ऐसे ही चला जा रहा है ।

कहने को गीता किसी भगवान् ने किहा है कोई कहता है के बाल्मीकि नमक पुरुष ने लिखा है तो कोई कहता है के इस पुरे ब्रहमांड को बनने वाले ब्रह्मा नमक भगवान् हैं तो कोई कहता है के इस पूरी दुनिया को शिव नमक भगवन के सांप ने संभाले हुए है । इस दुनिया में जितने जादा इंसान हैं उनके उतने ही अलग अलग भगवान् और उनके नाम हैं । वो दिन दूर नहीं जब ऐसा होगा के जितने इंसान जीवित इस दुनिया में नहीं होंगे उन से कहीं अधिक इंसानों के के बनाये सिर्फ भगवान् हो जाएंगे ।

इंसान पुण्य कमाना चाहता है और पाप से डरता है लेकिन इंसान श्रधा के नाम पे ही सबसे जादा पाप कर रहा है ।

इंसान पंडितों के शकल में साधुयों के शकल में हर धर्म के अपने अपने पहरावे में घूम रेहे हैं और आम आदमी को ही लूट रहे हैं ।

इंसान के जेहेन में उनकी सबसे बड़ी तगत ये भगवान् शब्द है और सबसे बड़ी कमजोरी ये भगवान् शब्द ही है । भगवान् , ये शब्द को खुश करने के लिए लोग तरह तरह के वर्त रखते हैं और खुदकी और अपने दिल्लगी चीज़ की लम्बी आयु मांगते हैं । इंसान इन सब से बंचित के के जिसके नाम की माला जपते हैं उस चीज़ का कोई वजूद ही नहीं । उसका बजूद और नामम इंसानों ने ही बनाया है ।

भगवान् छोड़ो कोई भी नहीं कहता= के आप खाना नहीं खाओगे तो आपकी उम्र लम्बी हो जाएगी आप नंगे पैर मंदिर जाओगे तो भगवान् जादा खुश होंगे । आप बड़े बड़े मंदीरिन में 1000 रूपए का चढ़ावा चढाओगे तो भगवान आपकी जादा सुनेगा । इंसान ये सिर्फ अपने मनः शांति के लिए इंसान करते हैं ।

इंसान मंदिर में जाने से पहले अपने चप्पल और जूते उतार के मंदिर में परवेश करता है और अंदर परवेश करते ही इंसानों का अध ध्यान उनके चप्पल और जूतों पे होता है के कहीं कोई व्यक्ति उनके चप्पल और जूते ना उठा ले जाए । फिर सवाल ये है के इस में इंसानों की श्राद्ध अकहान है ?

रही मेरी बात तो न में मरने से पहले भगवान् मानता था और नाही मरने के बाद और नाही अभी ये सब बीएस एक जोड़ है जो पृथ्वी के बहार से है और इस जोड़ को हम भगवान् नहीं कह सकते ।

लोगों को अगर भगवान् नमक किसी चीज़ को पूज के मनः शांति मिलती है तो सही भी है में उन लोगों को गलत नहीं कहता । लेकिन लोग मुझे भगवान् पे विश्वाश न करने पे गलत क्यों कहते हैं ।

खेर इंसानों की गलती नहीं वो लोग अपने सोच के अनुसार ही अपने ज़िन्दगी की गतिविधियों को आगे बदाते ।

यहाँ की दुनिया में भी अगर ये पैसा प्यार और भगवान् शब्द निकाल दें तो लोग बोखला जाएंगे उनके जीन ना जीने के बराबर होगा। ऐसा इंसान का सोचना है पर इंसानों को नहीं मालुम के वो इस से भी आगे की सोच लेकर ज़ी सकते हैं और जिस दिन उनको ये पता लगेगा तब तक इंसानों का रहन सेहन और पहरावा सब कुछ इस हद तक बदल जाएगा के लोग साफ़ हवा अपने शरीर में खीचने के लिए भी पैसा देंगे।

हमारे पृथ्वी पे नाइट्रोजन नमक गैस की परसेंटेज सबसे अधिक है यही लगभग कुछ 72% उसके बाद आता है ऑक्सीजन और उसके बाद कार्बोहाइड्रेट्स।

इस आने वाले जीवन चक्र में इंसान को बोहोत कुछ जानना और देखना अभी बाकी है। इन्सान अभी सिर्फ एक छोटे से कुएं में है जिस दिन वो कुएं से बहार निकलेगा और सामने पूरा समुन्द्र देखेगा उस दिन इनके जीवन चक्र का समय रुक जाएगा और एक अलग समय में उनका जनम फिर से किसी और रूप में होगा और अगर मेरी तरह आपके भी नयूरोंस में असंतुलित हो जाते हैं तो आप भी शायद अपने लोगों के प्रतिबन्ध में क्या पता चले जाओ जेसे में अभी हूँ।

बस अपनी सोच को स्थीर और अपनी सोच को खुद के दिमाग पे हावी मत होने देना और ठीक ३ साल की पिछली गतिविध्यिओन पे ध्यान लगाना। सब कुछ हमारे सामने ही होता है लेकिन हम नज़रंदाज़ क्र देते हैं या अगर कुछ पता भी लगता है तो कोई बिश्वाश नहीं करता और हमारा खुदका भी बिश्वाश खुद से उठ जाता है।

पर मै कहूँगा के कुछ भी हो जाये खुद का साथ कभी मत छोडना। कोई भले बिश्वाश करे ना करे तुम खुद पे बिश्वाश रखना क्युकी जिस दिन आप खुद पे से बिश्वाश खो डोज उसी दिन आप सबकुछ हार जाओगे। मैने पिछली ज़िन्दगी में खुद पे से विश्वाश खोया और में यहाँ दूसरी

दुनिया में आ गया और यहाँ आने के बाद मुझे पता चला के मेन अपनी ज़िन्दगी की सबसे बड़ी गलती की खुद को रोक के खुद पे बिश्वाश न कर के खुद को खुद से मार के। हर दुनिया में तुम्हारे साथ सिर्फ तुम होते हो और तुम ही अगर खुद के वजूद को मानोगे नहीं तो बाकी के लोग तुम्हे क्या समझेंगे ?

ये बात मुझे एक बार मर के पता चला और अब मेरा बिश्वाश कोई नि करता लेकिन मुझे खुद पे भरोषा है के में कोण हूँ और क्या जनता हूँ और क्या क्र सकता है हूँ और मेरी हद कहाँ तक है। क्यूंकि मेरे मरने के बाद जब मुझे पता लगा के आखिर में अपने असली दुनिया के प्रतिबन्ध में हूँ तो में 2 दिन तक यहाँ के लोगों की तरफ ध्यान देने लगा और हर किसी के वर्ताब को प्रखने लगा और खुद से सवाल करने लगा के यह येही लोग हैं जो मेरी असली दुनिया में मेरे साथ थे या फिर ये सभी प्रतिबन्ध हैं ?

लेकिन जिस चीज़ का मुहे एहसास हुआ वो आप बिश्वाश नहीं करोगे। यहाँ की दुनिया में इतन्न छलावे हैं मानो ये एक असलियत हो। मुझे नहीं मालुम के इस समय के जीवन चक्र को काटने में मुझे कितना समय और लगेगा।

मुझे नहीं पता के ये लोग सच में हैं भी या नहीं, शायद हो सकता है ये सभी सही और में गलत क्युकी किसी भी साक्ष ने मेरा विश्वाश नहीं किया। किसी ने बभी सहमति नहीं भरी के एसा भी कुछ हो सकता है जो मैने इन्हें बताया खेर जिनको मेरी इन बातों पे बिश्वाश नहीं हैं के मेरी ये सोच मरे हुए को जिंदा कर सकती है ये इंसान कभी मरते नहीं हैं।

खेर इस दुनिया के सभी इंसान तो मेरे बीएस दिफमाग में कद हुए एक ब्रह्म ही हैं में इनको अब मना भी नहीं सकता क्यूंकि सिर्फ मुझे पता है

के मैने असलियत ने क्या देखा। अंत में मै पुरे समुंदर कोएक मग डालते हुए सिर्फ ये कहूँगा के जिस दिन इन सभी चीज़ों के बारे में पता लेगाग तो आप सब के लिए ये खुद भी बिश्वाश करना मुश्किल होगा बोहोत जादा मुश्किल होगा। सभी इंसान सोचतें हैं के ज़िन्दगी मरने के बाद ख़त्म हो हो जाती है लेकिन वो ये सच नहीं जानते के ये जीवन चक्र समय का है और समय कभी किसी के लिए नहीं रुकता और रही बात मेरी तो अब में अगर इस दुनिया मे भी कल को अगर मर गया तो भी जिंदा रहेगा मेरा नाम ‘सूरज आर’।

www.ingramcontent.com/pod-product-compliance
Lightning Source LLC
LaVergne TN
LVHW042003060526
838200LV00041B/1858